365 jours qui font réfléchir

365 jours qui font réfléchir

UNE ANNÉE D'INTROSPECTION
POUR FAIRE DU MÉNAGE DANS
NOTRE TÊTE

Vincent Sumah

LYF

Contents

Introduction

Je dis souvent à la blague que mes études ont été ma meilleure thérapie. Sauf que c'est pas une blague. Ces années d'études en intervention psychosociale ont été auto-évaluations par dessus introspections, à chaque session et dans presque tous les cours. Tellement, que ça en devenait presqu'un running gag. Mais reste que ça m'a tellement aidé à me comprendre, à creuser plus loin, à savoir qui j'étais et pourquoi je faisais ce que je faisais.

J'aime continuer de réfléchir sur qui je suis et de comprendre mes comportements et mes façons de penser. J'aime le faire par écrit, ça évite au TDAH que je suis d'oublier une grande partie de mes réflexions. J'ai donc commencé à chercher un *"prompt book"* de réflexion intérieure.

Y'a beaucoup de "journaux de gratitude" ou de livres à la "changer votre vie en 12 semaines" sur le marché, mais rien qui était à mon goût. Complet. Varié. Sans pensée magique qu'en faisant 10 minutes de méditation par jour, on devient heureux.
Avoir la même question de "de quoi suis-je reconnaissant?" à chaque jour, moi, ça ne m'aide pas à me développer comme être humain.

Mais qu'est-ce qui m'aide? Qu'est-ce qui aide les gens auprès desquels je travaille?

Creuser dans notre tête, dans notre histoire, dans nos sentiments. Se comprendre. Démystifier des concepts. Si on reste en surface, l'eau nous paraît sombre et dense.

Mais si on retient notre souffle et qu'on plonge, on s'aperçoit que des rayons de lumière traversent l'eau et nous montrent un monde vivant et coloré qu'on n'aurait jamais cru possible.

Oui, j'aime les analogies.

Et c'est ce que je vous propose avec ce livre.

Pas des analogies là. Enfin, si, il va y en avoir, mais je veux dire de plonger dans votre océan, une thématique à la fois, pour y découvrir toute la beauté et la vie qu'il y a, sous cette couche parfois épeurante d'eau sombre.

Chacun rempli ce livre à sa façon. Vous pouvez faire plusieurs questions par jours et passer d'un sujet à l'autre. Cependant, pour faire l'exercice de façon optimale, je suggère de répondre à une question par jours, sans sauter de pages, et de façon la plus détaillée possible.
Le but est de développer sur vos besoins, émotions et idées!

***Note** : Partout dans ce livre, nous évoquerons les idées de "positif" et "négatif".*
*Nous définissons quelque chose de "négatif" comme **quelque chose qui nous nuit** dans notre quotidien ou dans nos relations. "Négatif" **n'est pas** quelque chose de désagréable, fâchant ou triste. Mais bien **quelque chose qui nuit** à la personne qu'on veut être et à la vie qu'on veut mener.*

1

La Gratitude

*"La gratitude vous aide à voir ce qui
est là plutôt que ce qui ne l'est pas"*
-auteur.e inconnu.e

Les journaux de gratitude, il en pleut. Mais après maintes recherches et lectures pour tenter d'inclure la gratitude dans ma vie (c'est scientifiquement prouvé que d'adopter des habitudes de gratitude est bénéfique sur notre santé psychologique), j'ai remarqué qu'il y avait un petit quelque chose qui clochait. Je voyais des trucs comme d'être reconnaissant de ce qu'on a dans la vie, voir ce qu'on a de beau au lieu de ce qu'on a pas ou aimerait avoir. Reconnaître que ce qu'on a c'est déjà bien et d'être content.

J'étais pas super à l'aise.

Premièrement, je trouve que ça vient à l'encontre de la valeur centrale de l'humanisme, l'empowerment. D'être reconnaissant d'avoir une maison, d'avoir Netflix, de la relation que nous avons avec les gens, des erreurs du

passé qui nous ont fait grandir, d'un nouveau livre, d'un feu de camp lors d'une nuit d'été... Oui, c'est cool de pouvoir être conscient que toutes ces choses ajoutent un petit peu de beau à notre vie, cependant, pourquoi être reconnaissant des choses qu'on a fait nous-même, de par nos choix?
Tout ça, ce sont des choses qu'on possède grâce à nos décisions, nos actions. C'est comme se faire à manger et être reconnaissant du repas qui est devant nous.

Pourquoi ça va à l'encontre de l'empowerment? En étant reconnaissant des choix qu'on a fait, des actions qu'on a nous-même décidé de prendre, ça efface notre responsabilité dans tout ça. Car on est reconnaissant de quoi? De qui? Que la vie nous a donné ça? Mais ce n'est pas "la vie" qui nous l'a donné, c'est nous qui l'avons bâti.

Deuxièmement, si je me fie aux diverses citations de gratitude vues un peu partout sur internet, ça encourage les gens à voir que ce qu'ils ont, c'est déjà beau, c'est déjà suffisant, pour enlever cette "douleur" de vouloir toujours plus sans l'avoir.
Je suis totalement d'accord que de ne pas voir le beau qu'on a et toujours focusser sur ce qu'on a pas ou sur vouloir toujours plus, c'est pas sain.
Mais de se contenter de ce qu'on a sans vouloir avoir plus, je ne trouve pas ça plus sain.
Ça donne des gens qui ont le discours de "j'ai de l'argent, une famille aimante, des amis, je ne devrais pas être déprimé, j'ai aucune raison d'être déprimé!".
Ça fait des gens qui pensent que "parce qu'ils ont tout ce qu'ils souhaitent avoir, ils devraient être heureux". Ça fait des gens qui se sentent menacés par ceux qui veulent plus de la vie. Ça fait des gens qui n'essaieront pas d'avoir plus de la vie parce qu'ils devraient être contents avec ce qu'ils ont.
Je ne parle pas nécessairement de choses matérielles, mais de tout en général. Y'a trop de gens malheureux, et trop de gens qui sont malheureux

et qui ne le savent même pas. Parce que c'est un état social. On est tous comme ça, donc ça doit être normal?...

Je pense que d'incorporer la gratitude dans nos vies est une bonne idée pour vivre sereinement, mais il faut la pratiquer de façon à ce que ça façonne notre être à s'émerveiller du beau de la vie, et non de se "contenter de ce qu'on a".

Alors quoi.
On est reconnaissant de quoi?
De la neige qui tombe à gros flocons par temps doux. Du geste de gentillesse qu'un passant nous a offert. Du goût réconfortant de notre tisane préférée (oui c'est nous qui l'avons fait infuser, mais n'est-ce pas vraiment cool d'avoir trouvé une tisane aussi bonne?).
Être reconnaissant, c'est reconnaître le beau.
Mais pour que ce soit fait de façon saine, il faut reconnaître le beau dans ce qu'on a pas choisi ou fait. Comme la neige qui tombe. Le ciel bleu. Le sourire d'un passant. L'oiseau qui chante ou du sentiment de béatitude alors qu'on savoure notre plat favori (comparativement à être reconnaissant de le manger).
Je peux être reconnaissant d'avoir tombé par hasard sur le livre que je cherchais depuis longtemps, comparativement au fait d'avoir un nouveau livre en général, puisque ce fut mon choix de l'acquérir.
Tentons donc de voir le beau qui nous arrive sans qu'on en soit responsable. La vie est belle et y'a tant de choses à savourer et à s'émerveiller! Il est temps de laisser ce beau faire sa place dans nos journées.

DATE : _____________________ SUJET : LA GRATITUDE

1. De quoi êtes-vous reconnaissant.e dans votre vie en général que vous n'avez pas vous-même bâti?

2. Dans l'espace d'une année, il peut se passer plein de choses. Élaborer sur une chose qui n'était pas présente dans votre vie l'an dernier, mais qui l'est aujourd'hui. Quelle était votre part de responsabilité la dedans?

3. Quelle est la meilleure chose qui soit arrivée aujourd'hui?

4. De quelle façon vous êtes-vous senti.e apprécié.e aujourd'hui?

DATE : ____________________   SUJET : LA GRATITUDE

5. Qu'est-ce qui vous a fait du bien aujourd'hui?

DATE : _____________________________ SUJET : LA GRATITUDE

6. Décrivez au moins une chose agréable à propos de la température aujourd'hui.

7. Est-ce que les 6 premières questions ont été faciles ou difficiles à répondre? Pourquoi?

8. Qu'est-ce qui vous a apporté de la joie aujourd'hui? Cette semaine? Et ce mois-ci?

DATE : _____________________   SUJET : LA GRATITUDE

9. Racontez un souvenir joyeux.

10. Quels sont les éléments positifs (qui ont un impact bénéfique) dans votre vie?

11. Qu'est-ce que vous aimez de votre travail ou vos études (ou de votre quotidien, si vous n'êtes pas employé.e ou étudiant.e)?

12. Quelle est votre odeur préférée?

DATE : _____________________   SUJET : LA GRATITUDE

13. Quelles choses ou situations vous donnent habituellement de la joie?

14. Quelle est votre chose préférée en ce moment? En quoi ça vous fait du bien?

15. Nommez cinq (5) choses qui vous donnent le sourire à chaque fois. Qu'est-ce que ça allume en vous?

16. Quels ont été vos moments les plus agréables dans vos souvenirs? Pourquoi?

17. Racontez un moment où vous avez reçu un geste de gentillesse gratuit de la part d'un étranger.

DATE : ______________________   SUJET : LA GRATITUDE

18. En quoi pouvez-vous être reconnaiçant.e des défis que vous vivez en ce moment?

19. Qu'est-ce que vous avez appris de nouveau cette semaine qui est bénéfique dans votre vie?

DATE : _______________________   SUJET : LA GRATITUDE

20. Qui sont les personnes que vous appréciez? En quoi sont-elles une richesse dans votre vie?

21. Quelles sont les opportunités rencontrées qui ont changées votre vie pour le mieux?

DATE : _____________________   SUJET : LA GRATITUDE

22. Qu'est-ce qui vous a fait rire aujourd'hui?

23. Qu'avez-vous lu ou entendu dans les derniers jours qui a rajouté de la richesse ou de la connaissance à votre vie?

____

____

____

____

____

____

____

____

____

____

____

____

____

____

____

____

____

____

____

____

____

____

DATE : _______________________   SUJET : LA GRATITUDE

24. Quel a été le meilleur moment de votre journée? Pourquoi?

2

Ici et maintenant

"Vous devez vous concentrer sur l'ici et maintenant.
L'avenir se construira tout seul."
-Soulla Christodoulou

Notre pensée est constamment dans le passé et le futur. Ce que j'ai dit, ce qu'il me reste à faire, à ne pas oublier, ce que j'aurais dû faire, etc. Alors que au fond, le présent est le seul moment sur lequel on a tout notre contrôle. Qui sommes-nous dans le présent? À quoi ressemble notre présent?

En quoi notre passé a déterminé notre présent?

Comment prendre conscience du présent pour avoir une idée d'où notre futur nous emportera?

Le concept de *mindfulness* (ou "pleine conscience" en français.. Mais on s'entend que ça n'a pas autant de gueule), c'est de prendre un moment pour arrêter le temps sur le ici et maintenant, prendre conscience de ce qui se passe *right now*, dans notre tête et dans notre corps. En dehors de la méditation de pleine conscience, dressons un portrait de qui vous êtes, ici et maintenant, à ce moment de votre vie.

Souvent, on reste figé à la question "Aller, parle-moi de toi un petit peu! Qui es-tu?"
Heuuuu bahh.. J'suis moi? J'aime le plein air et la bonne bouffe entre amis! Huh uh :)
Mais encore?
Souvent, on pense que qui nous sommes peut être décrit par nos intérêts, passe-temps, notre travail et nos divers rôles sociaux (Je suis un père de 3 enfants - Je suis mariée - Je suis gérant de grande surface - Je suis sportive - Je suis *gamer*...)
Alors que tout cela est superficiel et ne dit pas tant que ça sur votre unicité.
Pour aller creuser plus loin dans qui nous sommes, on doit porter notre attention sur nos comportements et les raisons ce ces comportements (souvent associés à nos sentiments).

À quel point vous connaissez-vous?
À quel point ce que vous connaissez de vous est vraiment vous et pas un conditionnement social et/ou familial?

On va creuser un peu la dedans et prendre une photo globale de vous, ici et maintenant.

DATE : _____________________ SUJET : ICI & MAINTENANT

25. Comment vous sentez-vous lorsque vous vous réveillez le matin?

26. Qu'est-ce qui prend la majorité de votre temps dans la journée, à part le travail/l'école?

27. Quelle est la chose la plus difficile à accepter par rapport à vous-même?

28. Qu'est-ce qui compte le plus pour vous? Pourquoi?

29. Qu'est-ce qui vous fait vous sentir plein.e d'énergie, renouvelé.e/re-chargé.e?

30. Comment passez-vous vos temps libres? Pourquoi?

31. Comment aimeriez-vous passer vos temps libres? Pourquoi?

32. De quoi êtes-vous passionné? (un sujet ou domaine que vous ne vous lassez pas d'apprendre et/ou d'en parler)

33. Quelles émotions vous font sentir le plus hors de contrôle? Décrivez avec précision comment vous vous sentez dans ces moments-là.

34. Qu'est-ce que vous préférez par rapport à vous-même? Pourquoi?

35. Qui est votre "vous" idéal?

36. Qu'est-ce qui fait de vous quelqu'un d'unique?

37. Quel est votre met, chanson, odeur, activité et personne préférée présentement?

DATE : ___________________________   SUJET : ICI & MAINTENANT

38. Comment décririez-vous la relation que vous avez avec vous-même?

39. S'il ne vous restait qu'un an à vivre, à quoi le consacreriez-vous?
Pourquoi?

40. Est-ce que vous faites vraiment ce que vous voulez faire de vos journées? Est-ce que vous aimez ce que vous faites de votre vie présentement?

41. À quoi pensez-vous présentement? Et pourquoi cette pensée précise?

42. Est-ce que vous trouvez que vous utilisez votre temps de façon optimale?

43. Quelles sont vos dernières pensées avant de vous endormir?

44. Quel talent ou compétence vous donne le plus grand sentiment de fierté ou de satisfaction?

45. Est-ce difficile pour vous, d'être vous-même? Pourquoi?

46. Quelles sont les pensées, croyances ou situations auxquelles vous vous accrochez et qui ne vous servent plus?

47. Qu'avez-vous appris dernièrement qui vous mènera vers un avenir meilleur?

48. Quelle couleur choisiriez-vous pour vous décrire? Pourquoi?

49. Quels sont les vêtements dans lesquels vous êtes le plus confortable?

50. Sur quoi basez-vous vos amitiés?

51. À quoi ressemble le " temps pour soi " pour vous?

52. Aimez-vous la personne que vous êtes devenue? Pourquoi?

53. Quelles opportunités avez-vous présentement?

54. Qu'est-ce que le mot "succès" signifie pour vous?

DATE : _______________________   SUJET : ICI & MAINTENANT

55. Comment voyez-vous votre vie et vous-même dans un an?

3

Les Valeurs

> *"Si vous ne déterminez pas vos propres valeurs,*
> *Quelqu'un d'autre se fera un plaisir de le faire à votre place.*
> *Et à partir de ce moment, vous vivrez toujours selon la*
> *vision de quelqu'un d'autre."*
> -Vincent P Sumah

Les valeurs. C'est quoi? À quoi ça sert? Pourquoi c'est important et comment déterminer les nôtres? Je me suis longtemps posé la question sur la définition précise de ce que sont les valeurs. Le dictionnaire Larousse nous donne la définition suivante : *"Ce qui est posé comme vrai, beau, bien, d'un point de vue personnel ou selon les critères d'une société et qui est donné comme un idéal à atteindre, comme quelque chose à défendre"*.

C'est bon départ. Mais peut-on définir encore plus précisément?

Personnellement, j'aime beaucoup plus expliquer les concepts avec des analogies et des exemples.

Je me suis donc demandé qu'est-ce qu'une valeur, exactement?

Une valeur, c'est une règle de conduite qu'on <u>se</u> donne à <u>**nous,**</u> dans <u>**notre**</u> vie.

Notre système de valeur est donc l'ensemble des règles de conduite qu'on se donne selon ce qu'on détermine être juste envers nous et envers les autres. Les valeurs sont les signalisations routières du chemin de notre vie. Elle sont ce qui détermine nos actions, nos choix et donc, notre vie.

Les valeurs sont au centre de qui nous sommes comme individus et ça transparait dans tout notre être.

Des valeurs, il y en a des centaines. De l'altruisme à l'équité, en passant par la persévérance et la stabilité. Nous nous bâtissons autour de ces valeurs. Ces valeurs deviennent les piliers de notre "soi".

Ces valeurs peuvent être apprises, choisies ou imposées.

Quand on ne connaît pas nos valeurs, c'est un peu comme si on roule sur un chemin et qu'on prend un peu des directions au hasard ou selon ce que la personne sur le siège passager nous dicte. Les risques sont là de finir par se perdre ou se rendre à une autre destination que prévue, que souhaitée. L'impact, donc, de vivre selon les valeurs des autres, c'est qu'on se sent aussi psychologiquement perdu, on ne se sent pas où l'on devrait être dans la vie. Perdu.e et instable, déséquilibré.e. frustré.e et insatisfait.e.

Parfois, on pense qu'on veut vraiment se rendre à cette destination, ça a tellement été imprégné en nous depuis longtemps. Mais une fois sur place, on aime pas, on ne se sent pas bien. Et on ne comprend pas. C'est pourquoi il est important de faire régulièrement, au fil de notre vie, un exercice de redécouverte de nos valeurs.

On voit quelqu'un faire une action qui ne nous regarde pas, mais qui va à l'encontre de nos valeurs et ça vient nous chercher. Y'a un petit feu qui brûle en dedans et il **faut** qu'on s'en mêle. Pourquoi?

Comme nos valeurs sont au centre de qui nous sommes, une atteinte à nos valeurs, même si ce n'est pas dirigé vers nous, vient inévitablement éveiller un sentiment d'attaque envers tout notre être et c'est une bonne partie de la raison pour laquelle on risque de réagir si fortement.

Parce que nos valeurs sont nos règles de conduite selon ce qu'on considère être juste, et on ne nous apprend pas, dans la vie, que chaque personne est valide dans ses valeurs. Que les valeurs, c'est **personnel**. Que **mes** règles de conduite pour **ma** vie, ne sont pas nécessairement celles des autres et ne devraient pas être imposées dans la vie des autres. Parce qu'on ne se rend pas tous à la même destination! Parce qu'on a pas tous la même histoire, les mêmes apprentissages de la vie, les mêmes priorités.

Mais c'est quand même à cause des différences de valeurs que les gens vont se mêler de la vie des autres, lancer des ragots ou insulter les autres. Ça peut aller loin, ça peut devenir très hostile.

Puisque la plupart d'entre nous, en grandissant, on se fait apprendre les "bonnes valeurs" par notre famille et ensuite, la société, on pense que ces règles de conduite doivent être celles de tous. Que si les autres ne suivent pas nos valeurs, ce ne sont pas de bonnes personnes.

Mais les valeurs, c'est aussi personnel que nos activités préférées ou de n'importe quel *lifestyle* qui est bon pour nous mais qu'on est conscient ne convient pas à tous.

On peut les partager, mais si ça ne va pas à l'autre, y'a pas de problèmes. Si le clash de valeurs est trop grand, on peut juste décider de ne pas fréquenter cette personne. Exactement comme si on rencontre quelqu'un avec qui on a aucune activité en commun.

Donc, non seulement il est important de connaître nos valeurs, mais aussi il faut vraiment garder en tête que nos valeurs sont nos règles de conduite personnelles.

Pour les prochains jours, nous allons explorer nos valeurs, découvrir lesquelles viennent de nous, lesquelles sont acquises, peut-être même lesquelles nous ont été imposées.

Voici une liste non exhaustive de valeurs.

Abnégation	Aventure	Confort	Discipline
Abondance	Béatitude	Connaissance	Discrétion
Acceptation	Beauté	Continuité	Disponibilité
Accessibilité	Bénévolat	Contribution	Diversité
Accomplissement	Bienveillance	Contrôle	Dominance
Adaptabilité	Bonté	Conviction	Douceur
Affection	Bravoure	Convivialité	Dynamisme
Agilité	Calme	Coopération	Économie
Aisance	Capacité	Courtoisie	Éducation
Altruisme	Certitude	Créativité	Efficacité
Ambition	Changement	Crédibilité	Élégance
Amitié	Charité	Croissance	Empathie
Amour	Charme	Curiosité	Encouragement
Amusement	Chasteté	Débrouillardise	Endurance
Appartenance	Clarté	Découverte	Énergie
Appréciation	Civilité	Dépassement de	Engagement
Apprentissage	Cohérence	soi	Enjouement
Ardeur	Communauté	Désir	Enseignement
Assiduité	Compassion	Détachement	Enthousiasme
Assurance	Compétence	Détente	Entraide
Attraction	Compréhension	Détermination	Entraînement
Audace	Concordance	Devoir	Équilibre
Autonomie	Confiance	Dévotion	Espoir
Avancement	Conformité	Dignité	Éthique

Exactitude	Frugalité	Intelligence	Organisation
Excellence	Gaieté	Intimité	Originalité
Excitation	Galanterie	Intrépidité	Ouverture
Expérience	Générosité	Introspection	d'esprit
Exploration	Gentillesse	Introversion	Paix
Extravagance	Gloire	Intuition	Partage
Extraversion	Gratitude	Joie de vivre	Partenariat
Exubérance	Habileté	Jouissance	Participation
Facilité	Harmonie	Justice	Passion
Faire une	Hiérarchie	Leadership	Patience
différence	Honnêteté	Légèreté	Perfection
Famille	Honneur	Liberté	Persévérance
Fermeté	Hospitalité	Logique	Persistance
Férocité	Humanisme	Lucidité	Perspicacité
Fiabilité	Humilité	Maîtrise de soi	Philanthropie
Fidélité	Humour	Mariage	Piété
Fierté	Hygiène	Maturité	Plaisir
Finesse	Imagination	Minutie	Ponctualité
Flexibilité	Impartialité	Modestie	Popularité
Focus	Indépendance	Motivation	Pragmatisme
Foi	Indépendance	Mystère	Pratique
Force	financière	Nature	Précision
Force de	Individualité	Non-violence	Présence
persuasion	Ingéniosité	Obéissance	Proactivité
Fraîcheur	Initiative	Opportunité	Professionnal-
Franchise	Inspiration	Optimisme	isme
Fraternité	Intégrité	Ordre	Profondeur

Propreté	Rêver	Sincérité	Sympathie
Prospérité	Richesse	Soin	Synergie
Proximité	Rigueur	Soin méticuleux	Traditionalisme
Prudence	Ruse	Solidarité	Tranquillité
Puissance	Sacrifice	Solidité	Travail d'équipe
Pureté	Sagesse	Solitude	Unicité
Rationalité	Santé	Sophistication	Unité
Réalisme	Satisfaction	Soulagement	Utilité
Reconnaissance	Sécurité	Soutien	Vérité
Réflexion	Sensibilité	Spiritualité	Victoire
Réputation	Sensualité	Spontanéité	Vigilance
Résistance	Sérénité	Stabilité	Vigueur
Respect	Sexualité	Succès	Vitalité
Respect de soi	Silence	Suprématie	Vitesse
Responsabilité	Simplicité	Surprise	Vivacité

56. Quelles sont vos 5 valeurs (règle de conduites) les plus importantes et présentes dans votre vie? Pourquoi?

DATE : _______________________   SUJET : LES VALEURS

57. C'est quoi pour vous des "bonnes valeurs"?

58. Des 5 valeurs identifiées plus tôt, tentez de définir votre "top 3". Pourquoi avez-vous identifié ces trois-là en particulier?

59. Si quelqu'un a des valeurs différentes (pas le même top 5 que vous), qu'est-ce que ça vous dit sur cette personne?

DATE : _____________________________ SUJET : LES VALEURS

60. Êtes-vous le genre de personne avec qui vous seriez ami? Pourquoi?

DATE : _______________________   SUJET : LES VALEURS

61. Quelles sont les qualités que vous admirez le plus chez les gens?

62. De quelle bataille pourriez-vous lâcher prise? Pourquoi ne l'avez-vous pas déjà fait? Que vous manque-t-il?

63. Quelle bataille ne voulez-vous jamais laisser tomber? Pourquoi? Qu'est-ce que cette bataille vous apporte?

64. Quelles sont les valeurs que vous avez associées à l'amitié? Pour chacune d'entre elles, expliquez pourquoi c'est important pour vous.

65. Qui est la personne à laquelle vous accordez le plus d'importance ?

66. Sur quel sujet/situation/comportement refusez-vous catégoriquement de compromettre?

67. Qu'est-ce qui vous fait vous sentir fort ou fier?

68. Qu'est-ce qui vous exaspère chez les autres (comme comportement ou mode de vie)? Pourquoi?

69. Quelles sont les valeurs des politiciens ou des partis politiques pour lesquels vous votez ?

70. Qu'est-ce qui vous fâche ou vous irrite à coup sur? Pourquoi?

71. Qu'est-ce qui vous rend fier chez les accomplissements ou comporte-ments des membres de votre famille?

DATE : _______________________   SUJET : LES VALEURS
72. Quelle chose/situation vous manquerait le plus si on vous l'enlevait?

73. Quand vous ne travaillez/étudiez pas, sur quoi utilisez-vous le plus de votre temps?

DATE : _______________________ SUJET : LES VALEURS

74. Qui admirez-vous le plus? Pourquoi?

75. Sur quels sujets vous dit-on que vous "overreactez" ?

76. Qu'avez-vous appris sur vos valeurs grâce aux 20 dernières questions?

4

Les sphères de vie

*"L'équilibre n'est pas quelque chose que l'on trouve,
c'est quelque chose que l'on crée."*

-Jana Kingsford

La vie, c'est une recette d'environs 14 ingrédients.

Pour que notre vie goûte bon, on a besoin de mettre un peu de ces 14 ingrédients dans notre assiette.

Ce qui arrive trop souvent dans notre société capitaliste c'est qu'on nous pousse, nous forme, à ne mettre que quelques ingrédients dans notre plat : la famille, le travail et les études. Parce qu'il faut faire de l'argent. Et il faut faire faire de l'argent aux compagnies et entreprises. Pas le temps d'avoir une vie équilibrée, le temps c'est de l'argent! V'là quelques ingrédients, arrangez-vous et soyez contents.

Nous prenons souvent la liberté d'ajouter les amis et les passe-temps dans notre assiette, mais même à 5 ingrédients sur 14, il est normal qu'à la longue, notre vie nous semble fade. Et il est aussi tout à fait normal que si on enlève un de nos si peu nombreux ingrédients, la différence soit notable. On risque de réagir fortement avec outrance parce qu'on a que ça pour nous nourrir.

Mais quand notre vie est parsemée de plein d'ingrédients, plein de goûts différents, ah là, non seulement on peut commencer à jouer avec les saveurs, mais on est capable de trouver des alternatives quand il nous manque un ingrédient pour cuisiner quelque chose de goûteux quand même!

Dans un langage moins analogique, la vie est divisée en plus ou moins 14 sphères. Chacune de ces sphères est importante pour garder une bonne santé physique et psychologique, mais on ne donne de l'importance uniquement à quelques-unes. On a l'impression qu'on ne peut pas "profiter de la vie" à cause de tout le temps et toute l'énergie qu'on donne à ces quelques sphères (famille, travail/études).

Non seulement il faut être conscient des autres sphères et leur donner aussi un peu d'amour, mais il faut aussi réfléchir sur notre satisfaction générale de chacune de ses sphères : **Amis & Famille, Amour & Sexualité, Buts personnels, Plaisirs & Hobbies, Environnement physique, Finances, Carrière & Études, Santé physique, Santé psychologique, Spiritualité & Croissance personnelle, Créativité & Stimulation intellectuelle, Estime & Image personnelle, Connection au monde et à la communauté, Contribution dans le monde.**

Parce que déjà, si on ne donne de l'attention qu'à quelques unes, mais qu'en plus, nous n'en sommes pas satisfaits, il est tout à fait normal que la vie nous semble grise et fade.

Prenons le temps de faire une introspection globale de nos sphères de vie et de notre niveau de satisfaction.

77. Racontez une situation où vous vous êtes senti.e trahi.e par un ami. Pourquoi vous êtes-vous senti.e ainsi? Qu'est-ce que ça vous a dit sur cet ami? Pourquoi?

78. Quelles sont les difficultés que vous rencontrez dans vos relations amicales?

79. Quelle est l'importance de la famille (vos parents, fratrie, oncles/tantes, etc.) dans votre vie? Pourquoi?

80. Quelles sont les attentes que vous avez face à votre famille? Sont-ils informés de ces attentes?

81. Quelles sont les difficultés que vous rencontrez avec les membres de votre famille? En quoi avez-vous du contrôle dans les éventuelles solutions?

DATE : _____________________   SUJET : LES SPHÈRES DE VIE

82. Quels sont les impacts (positifs et/ou négatifs) qu'ont les relations avec les membres de votre famille sur votre santé psychologique?

83. Est-ce que votre vie amoureuse est satisfaisante présentement?
Pourquoi?

84. Est-ce qu'il y a quelque chose qui pourrait être ajouté/modifié à votre vie amoureuse dans les prochains jours pour qu'elle soit plus satisfaisante?

85. Qu'est-ce que vous avez appris de votre plus récente rupture? Est-ce que vous en gardez des séquelles psychologiques ou physiques?

DATE : _____________________________ SUJET : LES SPHÈRES DE VIE

86. Qu'est-ce qui est nécessaire d'avoir dans une relation amoureuse pour qu'elle soit satisfaisante et enrichissante?

87. Quelles sont vos attentes envers vos partenaires amoureux? Est-ce que ces attentes sont verbalisées? Pourquoi?

88. De quelle façon préférez-vous qu'on vous exprime de l'amour et de l'affection?

89. Qu'est-ce que ça signifie pour vous, la sexualité? Seul.e. ou avec quelqu'un d'autre? Quelle place prend la sexualité dans votre vie amoureuse?

90. Est-ce que vous considérez votre vie sexuelle comme étant satisfaisante? Pourquoi?

91. Qu'est-ce qui pourrait et/ou devrait être changé dans votre vie sexuelle pour une plus grande satisfaction?

92. Est-ce que vous vous sentez respecté.e par vos partenaires dans votre sexualité? Pourquoi? Quelles actions pouvez-vous faire par rapport à cela?

93. En dehors des études et du travail, quels sont vos buts personnels pour votre vie? Ce que vous aimeriez accomplir ou acquérir au cours de votre vie? Nommez en 20, aussi petits ces buts soient-ils.

94. Est-ce important pour vous d'avoir des buts personnels (pas en lien avec votre travail ou votre famille)? Pourquoi?

____

____

____

____

____

____

____

____

____

____

____

____

____

____

____

____

____

____

____

____

____

____

____

95. Comment vous sentez-vous lorsque vous venez d'accomplir un projet ou un but?

96. Quel rêve aimeriez-vous atteindre, qu'il soit réaliste ou pas? En quoi est-il réaliste ou pas?

97. Par rapport à ce rêve, quels sont les étapes (peu importe l'ordre et aussi petites soient-elles) qui ont besoin d'être accomplies et les items à acquérir? Qu'est-ce que vous pouvez commencer cette semaine?

98. Si vous avez des rêves et aspirations que vous qualifiez de "irréalistes", comment ce rêve pourrait être modifié pour le rendre plus réaliste? Que pourriez-vous faire pour vous en approcher un peu plus?

99. Quels sont vos hobbies? Vos passe-temps? Vos intérêts? Les activités juste pour vous?

100. Quels sont les nouveaux hobbies et intérêts que vous avez incorporés à votre vie dans la dernière année? Était-ce de nouvelles découvertes? Comment vous sentez-vous par rapport à ça?

101. Pensez à votre passe-temps préféré. En quoi est-ce qu'il vous réénergise?

102. Vous sentez-vous coupable parfois de prendre du temps pour vos hobbies? Si oui, pourquoi? Si non, est-ce que ça vous arrivait avant?

103. Combien de temps par semaine environs donnez-vous à vos intérêts, hobbies, activités juste pour vous? Est-ce suffisant pour vous? En quoi avez-vous du contrôle dans la situation?

104. Quelles nouvelles activités ou hobbies aimeriez-vous essayer/maîtriser s'il n'y avait aucune contrainte?

105. Aimez-vous où vous demeurez? La ville, le quartier, la maison/ l'appartement? Pourquoi? Que préférez-vous? Qu'est-ce qui pourrait être amélioré?

106. Pourquoi avez-vous choisi de vivre dans cet endroit en particulier?

107. Quelle est la pièce de votre foyer où vous vous sentez le mieux? Pourquoi?

108. Quel endroit de votre foyer pourrait être amélioré pour que vous vous y sentiez mieux?

109. Après une journée d'école ou de travail, comment vous sentez-vous de revenir à la maison?

110. Quels sont vos sentiments face à votre compte en banque? Est-ce que votre situation financière est satisfaisante pour vous?

111. D'où est-ce que vos revenus mensuels proviennent? (salaire/pensions/ gouvernement/etc.). Peuvent-ils être coupés du jour au lendemain? Est-ce un facteur de stress?

____

____

____

____

____

____

____

____

____

____

____

____

____

____

____

____

____

____

112. Avez-vous de l'argent de côté? Advenant que vous perdiez vos (ou un de vos) revenus, combien de temps pourriez-vous vivre avec vos économies? Comment ça vous fait vous sentir? Que pourriez-vous faire pour améliorer la situation?

113. Est-ce que l'argent est un facteur de stress pour vous? Pourquoi? Quel choix pourriez-vous faire pour être plus en paix avec votre sphère financière? Qu'est-ce que ça implique?

114. À part votre loyer et la nourriture, où va le plus clair de vos revenus mensuels? Pourquoi?

115. Pourquoi avez-vous choisi ce domaine d'études/de travail?

DATE : _____________________ SUJET : LES SPHÈRES DE VIE

116. Que vouliez-vous faire quand vous étiez petit.e? Est-ce que ça a changé? Pourquoi?

117. Quels sont les bons et mauvais côtés de votre environnement de travail/études? Si vous n'êtes ni à l'emploi, ni aux études, quels sont les bons et mauvais côtés de votre environnement quotidien?

118. Par rapport à ces mauvais côtés, peuvent-ils être modifiés pour être plus satisfaisants? Comment ou pourquoi pas?

119. Si vous pouviez faire n'importe quoi comme carrière du jour au lendemain et vivre convenablement, qu'est-ce que ce serait? Pourquoi?

120. Comment vous sentez-vous dans votre corps, physiquement? (douleurs, facilité de mouvement, visuellement, etc.).

121. Faites-vous de l'activité physique? Si oui, laquelle et pourquoi? Si non, pourquoi?

122. Êtes-vous satisfait de votre santé physique? Pourquoi?

123. Avez-vous des problèmes de santé physique? Si oui, quels sont-ils? Êtes-vous en paix avec vos diagnostics?

124. Quel est le pire aliment pour la santé que vous aimez manger? Pourquoi en mangez-vous encore?

125. Avez-vous des difficultés à vous endormir le soir? Si oui, qu'est-ce qui vous tien éveillé.e? Aussi, à quoi ressemblent les 2 heures qui précèdent votre mise au lit?

126. Le plus précisément possible, qu'est-ce qui vous stress dans la vie? Quelles actions pouvez-vous mettre en place pour y faire face?

127. Dans quelles circonstances imaginez-vous des scénarios catastrophes? Quelles sont vos peurs irrationnelles?

128. Est-ce que vous vous sentez validé.e et encouragé.e par votre entou-
rage? De quelles façons?

129. Est-ce que vous avez l'impression d'être maître de votre vie, de vos choix, de vos décisions? Pourquoi?

130. Quel est le sens que vous avez décidé de donner à votre vie? Pourquoi?

131. Êtes-vous spirituel.le? Avez-vous des croyances spirituelles ou religieuses? Si oui, quelles sont-elles et qu'est-ce qu'elles vous apportent? Si non, pourquoi? Est-ce quelque chose qui vous manque?

132. Pensez à vous il y a 5 ans. En quoi vous êtes-vous amélioré.e comme personne? Qu'y a t'il encore à améliorer?

133. Quel degré de zénitude aimeriez-vous atteindre au courant de votre vie?

134. Qu'est-ce qui vous stimule intellectuellement?

135. Qu'est-ce que vous aimez créer? (art, nourriture, technologie, etc.) Qu'est-ce que vous aimeriez pouvoir créer?

____

____

____

____

____

____

____

____

____

____

____

____

____

____

____

____

____

____

____

____

____

____

____

136. Quels sont vos sujets de conversation préférés? Ceux qui vous font parler pendant des heures?

137. Comment se porte votre estime personnelle? Êtes-vous le genre de personne que vous aimeriez avoir comme ami.e? Pourquoi?

138. Est-ce que c'est important pour vous ce que pensent les autres à votre sujet? Pourquoi?

139. Qu'est-ce que vous aimeriez que les gens disent à votre sujet? Pourquoi?

140. Qu'est-ce que ça signifie pour vous "avoir confiance en soi"?

141. Faites-vous partie d'un groupe ou d'une communauté? (que ce soit par rapport à une nationalité, une passion, une identité, etc.). Avez-vous un sentiment d'appartenance avec vos communautés?

____

____

____

____

____

____

____

____

____

____

____

____

____

____

____

____

____

____

____

____

____

____

142. Décrivez votre vie de quartier. Qu'est-ce que vous aimez, qu'est-ce que vous n'aimez pas?

143. Qu'est-ce que vous aimeriez laisser au monde ou à votre communauté, dans votre vie? En quoi voudriez-vous faire une différence?

144. Est-ce que de connecter avec le monde, les différentes cultures, les gens, etc. est quelque chose d'important pour vous? Pourquoi?

5

Procrastination et Exécution

La procrastination. Remettre nos tâches à plus tard. C'est une grosse problématique chez beaucoup de gens. Mais pourquoi on procrastine? On SAIT qu'on doit faire nos tâches, qu'on doit étudier, qu'on a du lavage ou de la nourriture à faire. La réponse courte est que notre sphère émotionnelle parle très fort. "Ça nous tente pas" de faire nos tâches, d'étudier, de faire notre lavage. C'est plate, ça demande de l'effort, de l'énergie, on voudrait faire autre chose de plus stimulant ou amusant, on a peur du résultat, etc.

La réponse longue est que y'a plusieurs raisons possibles qui causent la procrastination et les difficultés d'exécution et chacune de ces raisons nécessitent une approche différente.

Ce qu'on entend le plus souvent, par contre, c'est : J'ai pas la motivation.

Mais en fait, c'est pas toujours vrai. On l'a, la motivation.

La motivation, c'est la **raison** pour laquelle on veut, ou on sait, qu'on doit faire nos tâches, notre étude, notre lavage, etc.

Parce que c'est notre emploi. Motivation.

Parce qu'on veut avoir notre diplôme. Motivation.

Parce qu'on va avoir besoin de linge propre. Motivation.

J'ai faim, donc je me fais à manger. La faim est ma motivation, ma raison, pour me faire à manger. Le fait que je me lève ou pas pour me faire à manger, c'est une autre histoire. Ce peut être une question d'exécution, parfois de fatigue, de crainte ou autre chose.

Ce qu'on appelle à tort "la motivation" est en fait une "énergie exécutive", une "énergie d'action". C'est dans l'exécution, dans la mobilisation et parfois dans l'auto-discipline qu'il y a un problème et c'est justement parce qu'on a une motivation très claire qu'on tend à se culpabiliser du manque d'exécution. On VEUT le faire la plupart du temps (pas dans le sens que ça nous intéresse toujours de le faire, mais bien qu'on sait qu'il faut le faire) et on sait pourquoi on veut le faire. Mais on ne le fait pas.

Avant de se lancer dans les pistes de solutions, il faut prendre le temps de se poser des questions pour découvrir pourquoi on procrastine.

145. Lorsque vous savez que vous devez faire quelque chose maintenant et que vous ne le faites pas, pourquoi? Quelles réflexions se passe-t-il en vous qui vous empêchent de vous mettre en action?

____

____

____

____

____

____

____

____

____

____

____

____

____

____

____

____

____

____

____

____

____

DATE : _________________

146. Y a-t-il des aspects positifs à la procrastination (i.e. remettre une chose à plus tard) et si oui, quels sont-ils ?

DATE : _______________________

147. Que faites-vous quand vous procrastinez, au lieu de faire vos tâches?

148. Pour quelles tâches avez-vous le plus tendance à procrastiner? Pourquoi?

SUJET : PROCRASTINATION & EXECUTION

DATE : _______________________

149. Qu'avez-vous procrastiné aujourd'hui? Pourquoi? Combien de temps
ça vous aurait pris de faire cette dite tâche?

____

____

____

____

____

____

____

____

____

____

____

____

____

____

____

____

____

____

____

____

____

SUJET : PROCRASTINATION & EXECUTION

DATE : _______________________

150. Qu'est-ce qui est le plus difficile dans l'exécution/se mettre en action? Pourquoi?

____

____

____

____

____

____

____

____

____

____

____

____

____

____

____

____

____

____

____

____

____

____

____

DATE : _________________

151. À votre avis, de quoi avez-vous besoin pour passer à l'action? Que vous manque-t-il?

SUJET : PROCRASTINATION & EXECUTION

DATE : _____________________

152. Quelles sont les 3 actions que vous vous engagez à faire pour cette semaine qui vous amèneront plus près de vos buts?

DATE : _______________________

153. Avez-vous déjà crié après quelqu'un ou été très en colère parce que ce dernier/cette dernière n'avait pas fait telle ou telle chose?

DATE : _______________________

154. Connaissez-vous quelqu'un qui semble toujours être "motivé" ou "en action"? Qu'en pensez-vous? Comment pensez-vous qu'il/elle s'y prend?

____

____

____

____

____

____

____

____

____

____

____

____

____

____

____

____

____

____

____

____

____

____

____

DATE : _______________________

155. Avez-vous tendance à vous dénigrer/blâmer/culpabiliser lorsque vous procrastinez? Pourquoi? Qu'est-ce que vous vous dites?

DATE : _______________________

156. Que pensez-vous de la paresse? Vous trouvez-vous paresseux.se? Pourquoi?

DATE : _______________________

157. Et si on dit que la paresse n'existe pas, quelles pourraient être les raisons qui nous bloquent à se mettre en action?

DATE : _______________________

158. Êtes-vous du genre à hésiter à vous mettre en action si le contexte/la situation n'est pas parfaite? (ex : avoir assez d'argent, assez d'énergie, être dans l'urgence, etc.) Pourquoi, selon-vous?

____

____

____

____

____

____

____

____

____

____

____

____

____

____

____

____

____

____

____

____

____

____

DATE : _______________________

159. Quand vous vous retrouvez devant une tâche à accomplir, pouvez-vous facilement déterminer les étapes à suivre pour l'accomplissement de cette tâche (même s'il ne s'agit que de faire la vaisselle)?

____

____

____

____

____

____

____

____

____

____

____

____

____

____

____

____

____

____

____

____

____

DATE : __________________

160. Avez-vous de la difficulté à prendre des décisions? Avez-vous peur de prendre une mauvaise décision? Avez-vous l'impression que c'est un obstacle à l'action?

DATE : _______________________

161. Avec la réflexion des questions de ce thème, qu'avez-vous découvert sur vous et votre procrastination? Que pourriez-vous mettre en place pour procrastiner moins?

6

La peur

"La peur est le chemin vers le côté obscur.
La peur mène à la colère,
la colère mène à la haine,
la haine mène à la souffrance."
-Yoda

La peur.

Elle nous paralyse le corps comme l'esprit et est créatrice de pleins de sentiments pas toujours très agréables à vivre, comme l'anxiété ou le sentiment d'être inadéquat.

La peur nous rend sur nos gardes d'un éventuel danger.

La peur nous rend hostile à ce qu'on se comprend pas, car dans ce qu'on ne comprend pas, il y a le risque que ce soit un danger.

Mais la peur est normale et fait partie de notre instinct de survie. Sans peur, on ne se sauverait jamais du danger. Même si on vit dans un monde moderne et plutôt sécuritaire, notre cerveau continue de faire une de ces fonctions de base : scanner tout ce qui nous entoure et ce qui arrive pour identifier les dangers. Et comme il peine à en trouver, bien souvent il décide que l'entrevue qu'on va passer est un danger. Que la personne qui vit différemment de nous est un danger. Que de ne pas faire "les bons choix" est un danger. Que de ne pas être parfait dans nos tâches est un danger. Et il réagit à ces dangers de la même façon que lorsqu'on est devant un vrai danger à notre sécurité physique.

Parfois, nos peurs nous convainquent tellement qu'on est en danger qu'on laisse notre instinct de survie prendre le contrôle de nous. Et si c'est effectivement efficace devant un mammouth, ce l'est beaucoup moins devant une situation sociale ou une situation de la vie quotidienne.

Mais même si le stress et les peurs sont normales, elles peuvent quand même devenir un obstacle à notre cheminement et épanouissement lorsqu'on laisse les peurs prendre le contrôle.

Tenter de comprendre plus nos peurs nous permet d'avoir une vision plus globale de comment notre cerveau fonctionne, de ce qu'on redoute, et nous permet de mettre en place des solutions adaptées.

DATE : _______________________   SUJET : LA PEUR

162. Qu'est-ce que la peur, d'après vous? Pourquoi on expérience la peur?

163. Quelles sont vos peurs les plus grandes, les plus évidentes? Quelles autres peurs se cachent en dessous?

164. Qu'est-ce qui déclenche de l'anxiété (peur d'une situation hypothé-
tique) à coup sûr?

165. Y a-t-il quelque chose dans votre vie que vous voulez vraiment faire, ou une certaine passion ou un rêve que vous avez, mais que vous ne faites pas parce que vous avez peur ? De quoi s'agit-il et de quoi avez-vous peur ?

166. Quels sont les sujets qui vous rendent mal à l'aise d'en parler ?
Pourquoi ?

167. Qu'est-ce qui vous inquiète par rapport au futur? Pourquoi ?

DATE : _____________________________   SUJET : LA PEUR

168. Est-ce que le jugement des autres envers vous est source d'anxiété?
Pourquoi?

169. Que feriez-vous dans le prochain mois si vous n'aviez plus aucune peur?

170. Qu'est-ce qui vous fait peur présentement? En quoi ça vous empêche d'avancer?

171. Est-ce que vous évitez de prendre des décisions de peur de faire de mauvais choix? Quelles sont vos options et les résultats possibles?

172. Vous arrive-t-il d'avoir des comportements d'auto sabotage (des actions que vous savez qui risquent d'avoir des répercussions nuisibles, mais que vous les faites quand même)?

173. Quelles sont vos plus grandes pensées limitantes envers vous-même?
En quoi ça vous empêche d'avancer?

174. Avez-vous peur de faire des erreurs? Même s'il n'y a aucune "punition"? Pourquoi? Comment ça vous fait vous sentir?

175. Que feriez-vous différemment dans votre quotidien, si vous saviez que personne ne vous jugera?

176. Que feriez-vous si vous n'aviez absolument aucune peur?

177. Que se passerait-il si vous faisiez une action pour faire un pas de plus vers l'atteinte de l'objectif qui vous fait le plus peur?

178. Que ferez-vous si vous passez à l'action et que cela ne fonctionne pas aussi bien que vous le pensiez?

179. De quoi avez-vous le plus peur en ce moment? Écrivez cette peur. Maintenant, imaginez-vous en train de vaincre cette peur. Comment vous sentez-vous?

180. Si la chose que vous craignez le plus devait se produire aujourd'hui, que ressentiriez-vous? Comment réagiriez-vous? Quelles seraient les solutions?

181. Qu'est-ce que vous évitez parce que vous avez peur?

182. Combien votre peur vous coûte-t-elle en termes de santé (physique et psychologique) et de bien-être?

183. Quel conseil donneriez-vous à un bon ami qui vous dirait qu'il a trop peur de poursuivre ses rêves parce qu'il craint d'échouer?

184. Et si vous donniez ce même conseil à vous-même? Comment vous sentez-vous?

185. Est-ce que vos peurs vous motivent à agir, parfois? Pourquoi?

186. Pouvez-vous envisager votre vie si vous ne faites rien et si vous laissez la peur vous retenir? Quelle serait-elle?

187. Croyez-vous les commentaires des autres qui vous disent que "c'est fou" ou "tu ne devrais pas faire ça"? Pourquoi?

188. Quels sont les comportements néfastes qui vous bloquent face à la mise en action?

189. Êtes-vous actuellement dans une relation malheureuse, malsaine ou dysfonctionnelle dont vous avez peur de vous sortir? Pourquoi cette peur?

190. Êtes-vous actuellement dans un emploi que vous avez peur de quitter? Pourquoi? Sur quelle peur plus profonde repose-t-elle?

191. Comment vous sentez-vous face aux figures d'autorité?

7

Les obstacles

"Les obstacles ne doivent pas vous arrêter.
Si vous vous heurtez à un mur,
ne vous retournez pas et n'abandonnez pas.
Trouvez comment l'escalader,
le traverser ou le contourner."
-Michael Jordan

Depuis qu'on commence à avoir un contrôle sur notre corps (donc quoi... à 4 ou 5 mois?), la vie est remplie d'obstacles. Les obstacles sont parfois (métaphoriquement) un tronc d'arbre devant notre chemin, ou un mur de brique de 10 pieds de haut. Lorsqu'on était bébé, quand on voulait prendre un objet, l'obstacle était notre coordination motrice pas tout à fait au point. Ensuite, notre manque d'équilibre devenait un obstacle quand on tentait de marcher debout. Les jouets éducatifs sont, en fait, pensés dans le but de stimuler le cerveau à résoudre des obstacles. Ensuite vient l'école et l'apprentissage pédagogique. Les relations amicales et les malentendus. Les choses qui ne tournent pas comme prévu. Les changements de plans à la dernière minute. Bref, la vie est une suite d'obstacles. Ça n'arrête jamais.

Et on a deux choix.

Soit on arrête d'avancer parce qu'un mur nous bloque la route, qu'on reste sur place ou rebrousse chemin.

Soit on trouve une façon de le contourner, de passer par-dessus ou de le défoncer et on continue d'avancer.

C'est clair que le premier choix est le choix simple, facile. Aucun effort, on laisse tomber et on fige, ou on rebrousse chemin.

Le deuxième choix est celui qui demande du temps, de la réflexion, du soutien, de la persévérance, du courage. C'est pas nécessairement plus compliqué, mais comme c'est souvent plus difficile, on a tendance à le voir automatiquement comme plus compliqué.

Mais si on avait toujours figé ou rebroussé chemin quand on a rencontré une difficulté ou un obstacle, on aurait pas appris ni accompli grand chose depuis notre naissance.

Un obstacle, c'est une rue barrée quand on a plus de nourriture et qu'on se rend au supermarché.

Est-ce que vous rebrousser chemin en vous disant "c'est beau, je mangerai pas"?

Ou bien trouvez-vous un autre chemin, quitte à arriver à l'épicerie 10 minutes plus tard que prévu?

Ou encore, retourner à la maison mais se commander une pizza?

Les obstacles, c'est ça. C'est quelque chose qui arrive dans notre chemin et si, quand on était petit, y'avait rien qui pouvait nous arrêter, on dirait que plus on grandi, plus on préfère se résoudre à ne pas avancer.

Mais les obstacles ont toujours été une opportunité d'apprentissage et d'adaptation.

Chaque obstacle nous permet de développer quelque chose qui va nous être utile pour la suite de notre vie, qui va rendre le reste plus facile, puisqu'on sera mieux équipé, puisque ce sera terrain connu.

Mais alors, pourquoi nous laissons-nous arrêter par les obstacles à l'âge adulte, alors qu'enfant et même bambin, c'était un défi, pas une difficulté?

Et si on voyait nos obstacles comme des défis, plutôt?

L'adaptation est un élément important pour attaquer ces défis et une belle qualité à acquérir pour être bien dans sa tête et dans sa vie.

Avoir un sentiment d'opposition momentané devant quelque chose d'imprévu, bien sûr!

C'est très valide d'être contrarié devant un obstacle.

Ce qui fera la différence c'est notre réaction une fois le choc dissipé.

On trouve une solution ou on rebrousse chemin?

192. Quels sont les obstacles auxquels vous faites face présentement?

193. Par rapport à ces obstacles, lesquels vous impactent le plus? Pourquoi vous impactent-ils autant?

194. Est-ce que vous êtes déjà en train d'entreprendre des choses pour surpasser ces obstacles?

195. Qu'est-ce que vous pouvez entreprendre ou quoi faire de plus pour surpasser ces obstacles?

196. Si le plus gros obstacle dans votre vie disparaissait demain matin, comment votre vie se verrait-elle changée?

197. Quel est le plus gros obstacle que vous avez eu à surmonter dans votre vie?

198. Y-a-t'il quelqu'un ou quelque chose qui vous empêche de faire ce que vous aimeriez accomplir?

199. Qu'est-ce qui vous empêche d'être 100% vous-même?

200. Quels obstacles rencontrez-vous, pour vous rendre compte que c'est vous-même qui les a mis là?

201. Pensez à un obstacle que vous rencontrez présentement. Qu'est-ce que vous trouvez de si difficile ou de si accablant dans cette situation?

202. Par rapport aux obstacles présents dans votre vie, y-a-t-il au moins une chose qui soit possible de faire pour faire un pas de plus vers l'avant?

203. Comment vous sentez-vous lorsque vous vous imaginez aller de l'avant et faire cette(ces) chose(s)?

204. Quels sont les obstacles que vous avez aidé les autres à surmonter?

205. Quels sont les obstacles que les autres doivent surmonter et que vous gérez naturellement?

206. Quels obstacles pouvez-vous prévoir pour l'avenir? Comment allez-vous les relever?

207. Comment prenez-vous soin de vous lorsque vous traversez une épreuve?

208. Parlez d'un obstacle sur lequel vous n'aviez aucun contrôle au départ. Comment avez-vous gagner du contrôle? Que ferez-vous différemment la prochaine fois?

209. Avec le recul, sur quels obstacles avez-vous eu plus de contrôle que vous ne le pensiez?

210. Quelle est la personne (ou les personnes) qui vous a/ont le plus aidé à surmonter vos difficultés cette année?

211. Quelles leçons précieuses avez-vous tirées de vos obstacles?

212. Acceptez-vous d'utiliser le mot "défi" à la place de "obstacle" ou "problème", dès maintenant? Pourquoi?

8

❧

Les changements

*"La plus grande découverte de tous les temps
est qu'une personne peut changer son avenir
en changeant simplement son attitude"*
-Oprah Winfrey

On est bien dans notre confort, dans nos vieilles pantoufles.
Parfois les nouveaux souliers font mal aux pieds, mais parfois, on accepte la nouvelle paire plus rembourrée avec plaisir. Les changements font souvent du bien, c'est un vent de renouveau, mais peuvent aussi parfois faire peur et déstabiliser. Même les changements pour le mieux peuvent être déstabilisants.

J'ai longtemps hésité à aller voir un psychologue. Pas à cause du stigma "d'être fou", pas parce que je me disais que je devrais gérer moi-même, pas parce que je me cachais la tête dans le sable que j'en n'avais pas besoin, mais parce que j'avais peur. Peur du changement en moi. Peur d'aller mieux. Peur de ne plus être moi, de ne plus me reconnaître parce que j'allais être bien.

Et plus tard j'ai entendu d'autres personnes me partager cette même peur. De ne pas aller consulter, de peur de se perdre.

C'est fou hein? Avoir peur d'être bien parce qu'on craint ne plus se reconnaître.

Vous savez ce que j'ai fait?

Ben je ne suis **pas** allé voir un psy. J'ai fui devant cette peur.

C'est bien années plus tard, après mes études en intervention psychosociale, que je me suis rendu compte qu'être bien ça ne te change pas. T'es vraiment toujours toi.

Avec 100lbs en moins sur les épaules et dans la tête, et c'est la vie qui change, ou plutôt, ta vision de la vie. Pas toi.

C'est les couleurs dehors qui sont plus éclatantes, c'est les situations qui sont plus drôles et/ou moins fâcheuses, c'est les lilas qui sentent plus bon.

C'est tout ce qui nous entoure qui est donc ben plus agréable. Imaginez.

Quelque chose arrive qui, normalement, nous ferait vivre une vive colère et là, on fait un grand soupir, on se retrousse les manches et on s'adapte.

On garde le sourire, on prend pas 30 minutes à chialer le soir, on continue d'avancer.

On est juste plus léger. Mais toujours la même personne dans notre fond.

Comme la chenille qui devient papillon, les bourgeons qui deviennent fleurs, les changements nous font grandir, nous font s'épanouir.

213. Quelle est votre relation avec le changement? Trouvez-vous que c'est nécessaire ou, au contraire, vous évitez le changement?

214. Avez-vous fait des changements dans votre vie récemment? Si oui, quels ont été les impacts? Sinon, y-a-t'il des changements que vous aimeriez faire?

215. Quel est le changement le plus difficile que vous avez eu à vivre?

216. Quel est le changement le plus bénéfique que vous avez vécu?

217. Qu'est-ce qui manque dans votre vie présentement?

218. Qu'est-ce que vous aimeriez changer à votre routine quotidienne?

219. Par rapport à la question précédente, que pourriez-vous mettre en action dès cette semaine pour initier ces changements?

220. Qu'est-ce qui vous fait peur dans le changement?

221. Quel(s) changement(s) dans votre quotidien ou quel comportement êtes-vous d'accord d'adopter tout de suite? Qu'est-ce que ça implique?

222. Quels seraient les risques ou impacts nuisibles de refuser le changement?

223. Parfois, les changements qui surviennent sont hors de notre contrôle. Quel est votre niveau de facilité d'adaptation? Est-ce que ça a toujours été au même niveau?

224. Est-ce qu'il y a une négativité que vous aimeriez couper de votre vie? Allez-vous oser? Pourquoi?

225. La résilience, c'est accepter en toute sérénité ce qu'on ne peut contrôler/changer. Racontez un moment où vous avez fait preuve de résilience. Indiquez ce qui a été bénéfique dans la résilience.

226. Comment composez-vous avec les imprévus qui changent vos plans initiaux au quotidien? Pourquoi?

227. Quel est le changement de look le plus inattendu que vous ayez jamais fait? Comment vous êtes-vous senti.e ensuite?

228. Quelle est LA chose que vous pensez ne changera jamais à propos de vous?

229. Quelle(s) chose(s) avez-vous essayé de changer, mais n'avez pas réussi?
Pourquoi, selon vous?

230. Si vous aviez 1 million de dollars demain matin, quels changements feriez-vous à votre vie? Pourquoi?

231. Si vous aviez 1 million de dollars demain matin, qu'est-ce que vous ne changeriez-pas à votre vie? Pourquoi?

232. Avez-vous déjà décidé de changer votre façon de vous alimenter (la nourriture, l'horaire, etc.)? Pourquoi?

____

____

____

____

____

____

____

____

____

____

____

____

____

____

____

____

____

____

____

____

____

____

____

____

9

Les regrets & la culpabilité

"Vous aurez rarement des regrets pour ce que vous avez fait.
C'est ce que vous n'avez pas fait qui vous tourmentera.
Le message est donc clair. Faites-le !
Apprenez à apprécier le moment présent.
Saisissez chaque seconde de votre vie et savourez-la.
Appréciez vos moments présents.
Si vous les utilisez de manière autodestructrice, vous les perdrez à
jamais."
-Wayne Dyer

Plus je réfléchis, plus j'approfondis le concept de regret, de remord et de culpabilité, plus je les trouve fascinants mais aussi inutiles. Ce sont pourtant des sentiments qui habitent énormément de gens dans énormément de situations. Sentiments qui, j'observe, sont les symptômes de quelque chose de plus grand, d'une culture entière qui traîne encore les leçons du

christianisme et toujours du capitalisme. La culpabilité est liée au jugement, dont le jugement de soi. Il s'agit d'un aspect culturel caché, lié à la
crainte d'une punition de la part d'une autorité, de la société ou de Dieu.
La punition imaginée peut être corporelle ou mentale.

La société, la religion et même la famille nous inculquent valeurs et ob-
jectifs pour notre vie. Elles nous dictent ce qu'un bon humain doit penser,
faire et vouloir. On pourrait voir tout cela comme un idéal à atteindre
comme personne, et c'est l'écart entre cet idéal et la réalité qui fait naître ce
sentiment de culpabilité.

La culpabilité implique, de par sa définition, d'être coupable d'une
faute (manquement à une règle morale ou une norme), ou avoir le sentiment d'avoir faire une faute. Il est donc vu comme une faute de ne pas
atteindre l'idéal qu'on se donne ou qui nous est donné, et nous sommes
coupable de cette faute.
Et c'est précisément le problème. Nos idéaux semblent être la seule option
possible, sans quoi c'est un échec, une faute. Suis-je un bon fils? Une bonne
amie? Une bonne personne? Suis-je à la hauteur de ce que je devrais être?
Parce qu'on juge les gens par rapport aux résultats (atteinte ou pas de
l'objectif) et non par rapport au chemin (comportements/choix/actions)
vers l'objectif, notre valeur est basé sur l'atteinte de l'idéal. Sauf qu'il est
souvent impossible de prévoir avec certitude les résultats d'une action ou
d'un choix, résultats qui ont souvent des impacts sur d'autres personnes et
d'autre domaines et qui peuvent faire boule de neige.

Et même notre système d'éducation est basé là-dessus, juste histoire de
renforcer bien comme il faut le sentiment de culpabilité de "ne pas être
à la hauteur". Mais pourquoi on voudrait renforcer ce sentiment? Parce
que les humains sont beaucoup plus manipulables lorsqu'ils se sentent
coupable.
Parfois, le sentiment de culpabilité survient pour la seule raison que

quelqu'un d'autre n'est pas satisfait des impacts de notre action ou parole. On se dit qu'on a pris une mauvaise décision parce que le résultat n'est pas celui souhaité, ou pas 100% positif.

La culpabilité et le regret prennent une grande place dans le cœur et la tête des gens, un poids qu'on traine presque toute notre vie et qui teinte tout ce qui s'en vient.

Est-ce possible de ne plus vivre de culpabilité? De regret? De remord? .... Et quand même être une personne sensible et compatissante?

Bien sûr que oui!

On doit, déjà, comprendre pourquoi on se sent coupable, pourquoi on a des regrets, et ensuite faire un cheminement vers l'importance des actions, et non des résultats. Peu importe les résultats, si nos actions ont été faites au mieux de nos capacités, au mieux de nos connaissances et avec une bonne intention, nous devons être conscient qu'il n'y a pas eu faute. Que nous ne sommes pas coupable. Car même si nous sommes le déclencheur de la boule de neige, une fois qu'elle est partie, on n'a que le contrôle sur nous et nos actions, aucun contrôle sur le reste.

Prenons les prochains jours pour se questionner, pour réfléchir à ces sentiments et leurs sources.

233. Que signifie l'échec pour vous?

234. Que signifie le regret pour vous?

235. Pourquoi est-ce difficile d'être devant un échec? Qu'est-ce que ça indique sur votre personne? Quel jugement de vous-même avez-vous à ce moment-là?

236. Racontez une ou des fois où vos parents, enseignants ou autres personnes proches ont diminué ou invalidé vos choix/actions. Comment ça vous a fait vous sentir? Quel a été l'impact ensuite?

237. Qu'avez-vous laissé tomber/quitté dans votre vie que vous regrettez encore aujourd'hui? Pourquoi est-ce un regret?

238. Qu'aimeriez-vous pouvoir laisser derrière vous sans regret? Qu'est-ce qui vous en empêche?

239. Que pensez-vous être votre plus grande source de culpabilité?

240. Si aujourd'hui était votre dernier jour en vie, est-ce que vous auriez des regrets? Si oui, lesquels?

241. Par rapport à la question précédente, que pourriez-vous mettre en action dès maintenant (même si c'est le plus petite étape possible) pour ne pas garder ces regrets jusqu'à la fin de vos jours?

242. Qu'est-ce qui fait en sorte que vous finissez par pardonner aux autres? Qu'est-ce qui "mérite" le pardon de votre part?

243. Concernant la question précédente, et si vous aviez le même standard de pardon envers vous-même? De quoi pourriez-vous vous pardonner?

244. Racontez une (ou des) fois où vos parents, enseignants ou autres personnes proches ont récompensé ou validé vos choix ou actions. Comment ça vous a fait vous sentir? Quel a été l'impact ensuite?

245. Racontez une fois où vous avez fait quelque chose et avez regretté ne pas l'avoir fait avant. Pourquoi ne l'avez-vous pas fait avant? Qu'avez-vous appris?

246. D'après-vous, d'où vient votre tendance à vous culpabiliser? Quelles seraient les solutions pour vous en défaire? Si vous ne vous culpabilisez pas, quel est votre cheminement pour avoir atteint cette libération?

247. Quel est votre relation avec le perfectionnisme? Quel impact (bénéfique ou nuisible) votre perfectionnisme (ou manque de) a-t-il sur votre vie?

10

∿

ℛelations humaines

"Si la civilisation doit survivre, nous devons cultiver la science des relations humaines - la capacité de tous les peuples, de toutes sortes, à vivre ensemble, dans un même monde en paix."
-Franklin D. Roosevelt

Avant internet, avant la technologie, avant les guerres et les conquêtes de pays, avant l'industrialisation et le travail pour gagner sa vie, avant la politique et les clashs de cultures, les relations humaines étaient déjà là, depuis le début, lorsque l'humain était simplement avec l'humain, à survivre, à travailler ensemble pour bâtir des endroits sécuritaires où vivre. L'humain, seul avec l'humain.

Même s'il semble qu'on a évolué plus que les autres espèces animales (je dis "semble" car certains animaux nous laissent perplexes quant à leur intelligence et/ou esprit de communauté, comme le corbeau, le dauphin, la pieuvre), l'humain reste une espèce sociale dont l'instinct, même si on tend à ne pas l'écouter parfois, est là base de notre survie. Donc avant toute chose, l'humain, c'est nous avec les autres humains. Les relations humaines ont une importance capitale dans notre développement, dans notre évolution, autant en tant que société que comme individu. Aujourd'hui, les relations humaines font partie du paysage de la vie de chacun mais trop souvent, sans y mettre beaucoup d'attention. Pas qu'on ne porte pas attention à nos proches et amis, non, mais on sous-estime l'impact psychologique des relations.

Ce que je vois le plus, c'est par rapport à la famille et au travail.
Au nom de l'entité "famille", on accepte d'être entouré de gens dont les comportements ont un impact dommageable sur nous. On les excuse même, parfois.
Lors d'une conférence du Docteur Serge Marquis à laquelle j'ai assistée, il nous disait qu'une des principales raisons pour lesquelles on aimait notre travail, c'était les gens avec qui on travaillait, et qu'une des principales raisons pour lesquelles on détestait notre travail, c'était les gens avec qui on travaillait.
Si l'argent ne fait pas le bonheur, les relations humaines saines et enrichissantes sont une clé importante vers le bonheur au quotidien.

Debi Hope sur Twitter à dit, en 2010, "avant de vous diagnostiquer une dépression ou un manque d'estime de soi, assurez-vous d'abord que vous n'êtes pas, en fait, simplement entouré de connards", et elle ne pourrait pas avoir plus raison.
L'humain est fait à la base pour être bien avec son groupe d'humains. Le travail, les voyages, les passions, les projets, la spiritualité et toutes les autres sphères ont leur rôle à jouer dans une vie saine et équilibrée mais comme les relations humaines touchent plusieurs sphères (amitié, travail, famille, amour, sexualité au minimum), il est indispensable de prendre le temps de se questionner sur nos relations, sur le degré de satisfaction de ces relations, sur ce qu'on recherche de ces relations, etc.

248. Présentement, quelles sont les relations (et avec qui) qui ont le plus de valeur pour vous? Pourquoi sont-elles importantes pour vous?

249. Dans la même veine, quelles sont les relations (et avec qui) qui sont les plus difficiles présentement? Qu'est-ce qui les rend difficile?

250. De qui voulez-vous l'approbation? Qui craignez-vous de décevoir?
Pourquoi?

251. Quelles(s) relation(s) n'est plus, mais que vous aimeriez avoir encore/ de nouveau? Qu'est-ce que cette/ces relation(s) vous apportai(en)t?

252. Quelle qualité ou trait de personnalité vous admirez le plus chez les autres?

____

____

____

____

____

____

____

____

____

____

____

____

____

____

____

____

____

____

____

____

____

____

____

253. Quelle qualité ou trait de personnalité vous irrite le plus chez les autres? En quoi ce comportement/cette caractéristique a un lien avec vous et vos valeurs?

254. Avec qui aimeriez-vous avoir une relation plus proche? Pourquoi?

255. Quel est votre comportement lors des conflits qui vous concernent?

256. Listez les limites (boundaries) que vous aimeriez mettre par rapport aux gens autour de vous.

257. Avez-vous de la rancœur envers quelqu'un présentement? Si oui, expliquez la raison. Si non, comment faites-vous pour ne pas vivre de rancœur?

258. Pensez à une des dernières fois où vous avez été blessé.e, fâché.e ou senti.e non respecté.e par quelqu'un. Listez toutes les raisons possibles qui ne sont pas directement contre vous qui pourraient expliquer ce comportement.

259. Pensez à une personne autour de vous qui vous draine de l'énergie, vous fait souvent pleurer ou vous fâche. Pourquoi cette personne a-t-elle encore accès à votre vie?

260. Décrivez votre vie sociale de rêve. Que pourriez-vous faire pour y arriver/qu'avez-vous fait pour y arriver?

261. Qui vous fait vous sentir à votre meilleur? Rechargé.e d'énergie?

262. Souvenez-vous d'un succès que vous avez vécu et écrivez une lettre de remerciement pour la personne qui a eu le plus grand impact bénéfique pour vous dans la situation. Point bonus si vous lui envoyez ;)

263. Qui vous a fait sourire dans les dernières 24 heures? Pourquoi? Qu'est-ce qui s'est passé?

264. Pensez à quelque chose que vous aimeriez accomplir à moyen terme. Qui peut vous aider à atteindre cet objectif?

265. Qui a eu le plus gros impact dans votre vie? Pourquoi et quel est cet impact?

266. Est-ce vraiment important ce que les autres pensent de vous? Pourquoi?

267. De quelles façons le "vous" public est-il différent du "vous" privé?

268. Quand, où et avec qui vous sentez-vous 100% vous-même?

269. Qui sont les personnes qui vous soutiennent le plus dans la vie?

270. Qu'est-ce que c'est qu'être un bon ami, pour vous? Quelles sont vos attentes face à un ami?

271. Quelles sont les attentes que vous avez envers vous-même face aux gens qui vous entourent (famille/amis)?

272. Parlez de la meilleure relation (amicale ou amoureuse) que vous avez vécue. En quoi était-elle différente des autres?

273. Pensez à votre dernière relation amoureuse. Pourquoi avez-vous choisi cette personne en particulier? Si vous n'avez jamais eu de relation amoureuse, quels sont les éléments que vous voulez obligatoirement trouver chez l'autre?

274. Dans quelles situations n'avez-vous pas osé demander de l'aide ou vous confier à vos proches? Pourquoi?

275. Quelles sont les relations que vous négligez? Pourquoi? Comment ça vous fait vous sentir?

276. En quoi laissez-vous les besoins et désirs des autres dicter vos choix et votre conduite? Pourquoi?

277. Quelles sont les confrontations que vous évitez, s'il y en a? Et pourquoi?

278. Quelles sont les relations qui vous drainent le plus d'énergie, qui vous stressent ou vous dépriment? Pourquoi les gardez-vous dans votre vie?

279. Par rapport à la question précédente, que ce passerait-il si vous décidiez de mettre un terme à ces relations?

280. Pourquoi c'est difficile de dire "non"? Qu'est-ce qui se passerait si vous vous affirmiez plus?

11

⌇

L'empowerment

"Whether you think you can, or you think you can't—
you're right."
\- Henry Ford

L'empowerment, c'est la base du travail social. C'est redonner aux gens le pouvoir sur leur vie. Souvent, on ne se rend même pas compte qu'on a plus (ou pas assez) le contrôle, mais il y a des signes qui peuvent nous mettre la puce à l'oreille : se sentir irrité, insatisfait, se plaindre.

Comme intervenant psychosocial, notre rôle est d'accompagner les gens pendant qu'ils deviennent les acteurs principaux de leur vie et font les changements nécessaires pour trouver la sérénité et une bonne santé psychologique.

L'empowerment, c'est de savoir dans nos tripes qu'on est le capitaine de notre bateau. C'est pas juste un "ben oui c'est ma vie je fais ce que je veux", mais plus un "Wow... je peux vraiment bâtir ma vie à mon image!"

Une vie où on ne se sent pas coincé dans une situation ou une relation qui ne nous va pas. Une vie où, si quelque chose ne nous plaît plus ou ne nous permet plus de s'épanouir, on le change, on s'en détache et on continue notre chemin.

Y'a pas que des choses agréables qui arrivent dans la vie, soit. Une vie empowered n'est pas non plus une vie toujours agréable, sans obstacle ou difficulté. Lorsqu'on sent qu'on a le contrôle sur nous et notre vie, qu'on le sens pour de vrai, même si on a du stress ou qu'on se retrouve devant un mur, y'a que deux options. Soit on trouve une façon de continuer d'avancer, soit on rebrousse chemin parce que finalement, ça nous tente pas et on avance ailleurs. Être empowered, c'est savoir que ce qui arrive nous fait grandir. C'est savoir que l'adaptation et la résilience de ce qu'on ne peut changer est la clé d'une vie enrichissante et zen.

C'est avoir le sentiment qu'on est vraiment au gouvernail de notre vie, même si on ne peut contrôler les vagues.

Mais avant d'arriver à une telle réflexion, y'a beaucoup de questions à se poser, y'a un cheminement à faire, une connaissance de nous mais aussi une (re?)prise de la responsabilité de notre vie.

Et il n'est jamais trop tard pour commencer. C'est normal, même, de faire cette réalisation à l'âge adulte parce que c'est pas quelque chose qu'on nous apprend, ni nous encourage à faire.

On entrera pas en thérapie avec ce livre, mais si ça peut commencer une réflexion dans ce sens là, c'est déjà ça!

281. Pourquoi vous levez-vous, tous les matins? Quels sont les éléments que vous avez 100% choisi là-dedans?

282. Qu'est-ce qui vous rend enthousiaste à propos de votre vie présentement?

283. Sur quels aspects avez-vous l'impression de ne pas avoir le contrôle dans votre vie? Pourquoi?

284. Par rapport à la question précédente, où pourriez-vous avoir un tout petit peu de contrôle (directement ou indirectement) malgré ce qui semble à première vue?

285. Qui craignez-vous de décevoir dans la vie? Qui a le pouvoir d'influencer vos décisions dans une direction dont vous n'êtes pas totalement d'accord?

286. Regardez autour de vous. Tout ce qui vous entoure, les gens, les objets, l'endroit, sont le résultat d'une décision que vous avez prise de l'acheter, de l'avoir de le créer, de le garder, ou de le tolérer. Que tolérez-vous?

287. Est-ce que vous ressentez que votre vie est à 100% vos choix et décisions? Si non, à quel pourcentage est votre vie, selon vous?

288. Êtes-vous le centre de votre propre vie? Pourquoi?

289. Dans quelles circonstances vous sentez-vous le plus "empowered", en contrôle?

290. Est-ce que vos actions et décisions sont guidées par la peur, la foi, ou autre?

291. Racontez une fois où vous avez poussé les limites (sans en sortir) de votre zone de confort. Qu'avez-vous appris?

292. Comment aimeriez-vous contribuer, laisser votre marque, dans votre famille, cercle social, communauté, ville, monde?

293. En quoi votre vie est-elle plus positive aujourd'hui qu'il y a 1 an?

294. Est-ce que vous ressentez que vous utilisez votre temps comme vous aimeriez? Pourquoi? Si non, que pourriez-vous faire pour améliorer cela?

295. Comment prenez-vous soin de vous, physiquement, psychologiquement et émotionnellement?

296. Il y a une version passée de vous-même qui souhaitait de tout son cœur de posséder quelque chose que vous avez aujourd'hui. Qu'est-ce que c'est?

297. À quoi voulez-vous consacrer plus de temps chaque jour? Pourquoi? Qu'est-ce qui vous en empêche?

____

____

____

____

____

____

____

____

____

____

____

____

____

____

____

____

____

____

____

____

____

____

____

____

298. De l'autre côté, à quoi aimeriez-vous passer moins de temps à faire chaque jour? Pourquoi le ne faites-vous pas?

299. Comment aimeriez-vous vous sentir au quotidien? Pourquoi?

300. Qu'est-ce que ça veut dire pour vous "avoir du succès" ou "réussir sa vie"? D'où viennent ces définitions?

301. À quel point et en quels égards êtes-vous différent aujourd'hui de celui/celle que vous étiez il y a 5 ans?

302. Est-ce que vous aimez la personne que vous êtes? Que pourriez-vous faire pour vous rapprocher un peu plus de votre "vous" idéal?

303. Pourquoi avez-vous choisi l'emploi du temps (emploi, études, parent à la maison, etc.) que vous avez? En quoi ça utilise vos forces et talents?

304. Nommez une occasion où vous avez dépassé vos propres attentes.

305. Quand avez-vous excellé là où d'autres autour de vous ont eu de la difficulté?

306. De qui êtes-vous le plus jaloux.se/envieux.se et pourquoi?

307. Quelle est votre définition du bonheur? Quelles sont les actions concrètes que vous faite pour le bâtir?

308. De quelles manières bloquez-vous votre propre bonheur (i.e. auto sabotage)?

309. À quelle fréquence vous traitez-vous avec amour et respect?

310. Comment vous sentez-vous lorsque vous vous regardez dans le miroir?

311. De quelle manière contribuez-vous à votre famille, votre entreprise ou votre communauté?

312. Quelles sont vos stratégies pour vous relever après une déception/un obstacle?

313. Quel compliment aimez-vous le plus recevoir et pourquoi?

314. Qu'est-ce qui est le plus important pour vous : <u>de quoi votre vie à l'air aux yeux des autres</u> **ou** <u>comment votre vie vous fait vous sentir?</u>

315. Quand était la dernière fois que vous avez essayé quelque chose de nouveau? Comment ça s'est passé? Qu'avez-vous appris?

316. Tentez-vous d'en connaître toujours plus sur vous, les autres, la société, ou bien vous contentez-vous de ce que vous connaissez déjà?

317. Nommez une croyance que vous avez et avec laquelle beaucoup de gens ne sont pas d'accord. D'où vient-elle? Pourquoi la gardez-vous?

318. Que pouvez-vous faire aujourd'hui que vous n'étiez pas capable de faire il y a un an?

319. Quelle est la différence entre vivre et exister?

320. Si vous aviez un ami qui vous parlait de la même manière que vous vous parlez à vous-même, combien de temps permettriez-vous à cette personne d'être votre ami?

321. Quand vous aurez 80 ans, qu'est-ce qui aura été le plus important dans votre vie?

322. Si vous aviez l'occasion de faire passer un message à un grand groupe de personnes, quel serait votre message?

323. Qu'est-ce que la vie vous a appris récemment?

324. Si nous apprenons de nos erreurs, pourquoi avons-nous toujours si peur de faire une erreur?

12

Le Futur

Le passé est terminé et le futur reste à construire. N'est-ce pas excitant? Toutes ces possibilités devant nous!

Le futur, c'est comme peindre une toile. On a pas tous les mêmes toiles, on a pas tous les mêmes pinceaux ni les mêmes couleurs, et on a pas tous les mêmes compétences en peinture. Certain ont uniquement les 3 couleurs primaires, et d'autre ont toute la palette de couleur. Certains ont de la peinture à l'eau ou acrylique, d'autres se retrouvent avec de la peinture à l'huile. Mais on a tous , au minimum, une surface pour peindre, quelques pinceaux et quelques couleurs.

Chaque décision que l'on fait chaque jour est un coup de pinceau sur la toile. C'est plus facile de repasser par dessus l'acrylique. Ça sèche en 2 minutes et chaque mauvais coups de pinceau peut être rapidement corrigé. Avec de la peinture à l'huile, soit qu'on utilise un pallet knife pour enlever la peinture, soit qu'on attend 2 semaines que ça sèche pour peindre par dessus. Ce qui est important de se souvenir, par contre, c'est qu'on peut, toujours, repeindre par dessus. Parfois, ça prend juste plus de temps. C'est aussi possible de distinguer des reliefs des anciennes couches de peinture au travers des nouvelles, mais de loin, ça ne paraitra pas trop.

Ce n'est pas parce qu'on a fait un choix ou pris une direction qu'on est obligé de continuer dans la même direction si ça ne nous satisfait plus. Ça se peut que nos décisions et actions laissent des petites marques dans notre vie, que les impacts se font sentir des années plus tard, comme le relief d'un ancien coup de pinceaux, mais dans le grand schéma de la vie, de notre toile, ces impacts sont mineurs.

Morale de l'analogie: On ne choisit pas avec quels outils on commence. Mais on est complètement le Maître de ce qu'on fait avec nos outils. On peut s'entêter à rester avec nos 3 couleurs à peindre sur des cailloux, ou on peut approcher les gens et partager nos couleurs avec eux, peindre sur leurs toiles avec eux, apprendre de leurs techniques, emprunter leurs pinceaux, etc. On peut regarder les œuvres des autres et les envier, ou bien étudier ce qu'ils font pour s'en inspirer. On peut économiser et aller faire un *shopping spree* dans un magasin d'art. Peu importe ce qu'il y a sur notre toile, plaque de bois ou caillou, on peut toujours repeindre par dessus pour faire une nouvelle œuvre.

C'est ça le futur. C'est l'œuvre qu'on va peindre. Et ce qu'il y a déjà sur notre canvas ne dicte pas qu'elle sera la toile finale.

"Ouais mais j'ai pas de bleu. Pis je ne connais personne qui a du bleu. Pis j'ai pas d'argent pour en acheter. Comment veux-tu que je fasse un beau ciel?"

As-tu déjà vu un coucher de soleil d'été? Avec les teintes de mauve, rose et orange? Magnifique! Pis y'a pas de bleu. *Well*.. y'en a dans le mauve mais... si tu as déjà du mauve.. Bref, vous voyez l'image.

On a pas le pouvoir de transformer notre planche de bois en *pre-primed* canvas 4 par 7, ni de faire apparaître la couleur qu'on veut, mais on peut travailler pour l'avoir ce canvas, cette couleur ou s'adapter pour, malgré les restrictions, faire de l'art fabuleux.

Certains vont être heureux toute leur vie à faire des bonhommes allumettes, parce qu'ils ont du fun et c'est l'important, et d'autres visent la toile à la Michelangelo. On ne va pas tous finir avec la même toile et l'important, c'est de voir tout ce qu'on a fait pour se rendre où on est.

Nous sommes chacun Maître de notre futur, peu importe ce qui nous a été donné dans notre vie jusqu'ici, peu importe les décisions qu'on a prises. À partir de maintenant, là, tout de suite, on a le pouvoir de tout changer vers quelque chose de complètement différent, quelque chose de beaucoup plus à notre image.

325. Que pouvez-vous faire aujourd'hui qui sera un pas de plus vers un de vos rêves?

326. Qu'est-ce que vous aimeriez laisser derrière vous après votre mort?

DATE : _______________________

327. Au lieu de faire la liste de ce que vous ne voulez pas qu'il arrive dans le futur, dressez la liste des choses que vous aimeriez qu'il arrive.

328. Quelles compétences souhaitez-vous acquérir au cours des cinq prochaines années?

329. Où en sera votre vie dans un, cinq ou dix ans si vous continuez à faire ce que vous faites aujourd'hui?

330. Complétez la phrase : Je serai vraiment heureux.se dans la vie lorsque ...

331. À quoi ressemble une journée normale pour votre vous idéal du futur?

332. Que voulez-vous que les gens disent à propos de votre vous idéal du futur?

333. Quelles habitudes votre futur vous aurait, dans votre idéal, que vous n'avez pas aujourd'hui? Quoi faire pour se diriger vers cet objectif?

334. Qu'est-ce qui vous inquiète par rapport au futur? Pourquoi? Que pouvez-vous faire pour éviter que ces inquiétudes arrivent?

13

Ici et Maintenant

"Soyez patient avec vous-même.
Vous devenez plus fort chaque jour.
Le poids du monde va s'alléger...
et vous allez commencer à briller davantage.
N'abandonnez pas."
- Robert Tew

Wow!

Ça fait presque 1 an que vous avez commencé cet exercice d'introspection, où vous avez sûrement réalisé plein de choses, à force d'approfondir vos sentiments, vos valeurs, vos besoins. On change tellement dans la vie, je me suis dit qu'il serait vraiment intéressant de refaire un "ici et maintenant" presqu'un an plus tard pour voir l'évolution.

Je vous suggère donc de répondre aux questions suivantes (qui sont, pour la plupart, les mêmes que la partie 2), toujours avec le plus de précision et introspection possible.

Pour avoir vraiment l'heure juste sur les changements qui ont été commencés en vous, n'allez pas lire les réponses que vous avez inscrites au début de l'année avant de répondre à celles-ci. Mieux encore, attendez d'avoir répondu au reste des questions avant d'aller comparer avec l'an dernier. On évolue pas mal plus qu'on pense, c'est juste qu'on en garde pas de trace.

Si vous avez apprécié l'expérience, je vous invite à refaire l'exercice d'introspection régulièrement!
Après plusieurs années, vous aurez une vision claire de tout le chemin intérieur que vous avez fait et des impacts positifs que ça a eu dans votre vie :)

335. Comment vous sentez-vous lorsque vous vous réveillez le matin?

336. Qu'est-ce qui prend la majorité de votre temps dans la journée, à part le travail/l'école?

337. Quelle est la chose la plus difficile à accepter par rapport à vous-même?

338. Qu'est-ce qui compte le plus pour vous?

339. Qu'est-ce qui vous fait vous sentir plein.e d'énergie, renouvelé.e/
rechargé.e?

340. Comment passez-vous vos temps libres?

341. Comment aimeriez-vous passer vos temps libres?

342. De quoi êtes-vous passionné? (un sujet ou domaine que vous ne vous lassez pas d'apprendre et/ou d'en parler)

343. Quel est le niveau de contrôle que vous ressentez dans votre quotidien?

344. Qu'êtes-vous fier d'avoir changé ou développé au cours de la dernière année?

345. Qui est votre "vous" idéal, maintenant?

346. Qu'est-ce qui fait de vous quelqu'un d'unique?

347. Quel est votre met, chanson, odeur, activité et personne préféré.e.s présentement?

348. Comment décririez-vous la relation que vous avez avec vous-même?

349. S'il ne vous restait qu'un an à vivre, à quoi le consacreriez-vous?

350. Est-ce que vous faites vraiment ce que vous voulez faire de vos journées? Est-ce que vous aimez ce que vous faites de votre vie présentement?

DATE : _____________________   SUJET : ICI & MAINTENANT
351. À quoi pensez-vous présentement? Et pourquoi cette pensée précise?

352. Est-ce que vous trouvez que vous utilisez votre temps de façon optimale? Pourquoi?

353. Quelles sont vos dernières pensées avant de vous endormir?

354. Quel talent ou compétence vous donne le plus grand sentiment de fierté ou de satisfaction?

355. Est-ce difficile pour vous, d'être vous-même? Pourquoi?

356. Quelles sont les pensées, croyances ou situations auxquelles vous vous accrochez et qui ne vous servent plus?

357. Qu'avez-vous appris dernièrement qui vous mènera vers un avenir meilleur?

358. Quelle couleur choisiriez-vous pour vous décrire? Pourquoi?

359. Quels sont les vêtements dans lesquels vous êtes le plus confortable?

360. Sur quoi basez-vous vos amitiés?

DATE : _______________________ SUJET : ICI & MAINTENANT

361. À quoi ressemble le " temps pour soi " pour vous?

362. Aimez-vous la personne que vous êtes devenue? Pourquoi?

363. Quelles opportunités avez-vous présentement que vous n'aviez pas il y a 1 an?

DATE : _____________________   SUJET : ICI & MAINTENANT
364. Qu'avez-vous appris pendant cette année d'introspection?

365. Comment voyez-vous votre vie et vous-même dans un an?